Os extratos desta obra foram publicados originalmente em francês com o título
PENSÉES
Copyright © 2011, Editora WMF Martins Fontes Ltda.,
São Paulo, para a presente edição.

1.ª edição 2011

Tradução
MÁRIO LARANJEIRA

Revisão da tradução
Márcia Valéria Martinez de Aguiar
Revisão técnica
Franklin Leopoldo Silva
Acompanhamento editorial
Luzia Aparecida dos Santos
Revisões gráficas
Sandra Garcia Cortes
Helena Guimarães Bittencourt
Edição de arte
Casa Rex
Produção gráfica
Geraldo Alves
Paginação
Casa Rex
Capa
Casa Rex

Dados Internacionais de Catalogação na Publicação (CIP)
(Câmara Brasileira do Livro, SP, Brasil)

Pascal, Blaise, 1623-1662.
 Diversão e tédio / Pascal ; fotos Gabriela Camerotti ; tradução Mário Laranjeira ; revisão técnica Franklin Leopoldo Silva ; revisão da tradução Márcia Valéria Martinez de Aguiar. – São Paulo : Editora WMF Martins Fontes, 2011. – (Coleção ideias vivas)

 Título original: Pensées.
 ISBN 978-85-7827-331-6

 1. Ensaios franceses I. Camerotti, Gabriela. II. Título. III. Série.

10-08783   CDD-194.4

Índices para catálogo sistemático:
1. Ensaios : Filosofia 194.4

Todos os direitos desta edição reservados à
Editora WMF Martins Fontes Ltda.
Rua Conselheiro Ramalho, 330 01325-000 São Paulo SP Brasil
Tel. (11) 3293.8150 Fax (11) 3101.1042
e-mail: info@wmfmartinsfontes.com.br http://www.wmfmartinsfontes.com.br

Impressão e acabamento: Yangraf Gráfica e Editora

coleção idealizada e coordenada por **Gustavo Piqueira**

PASCAL Diversão e tédio
fotos **Gabriela Camerotti**
tradução **Mário Laranjeira**

wmf **martinsfontes**
são paulo 2011

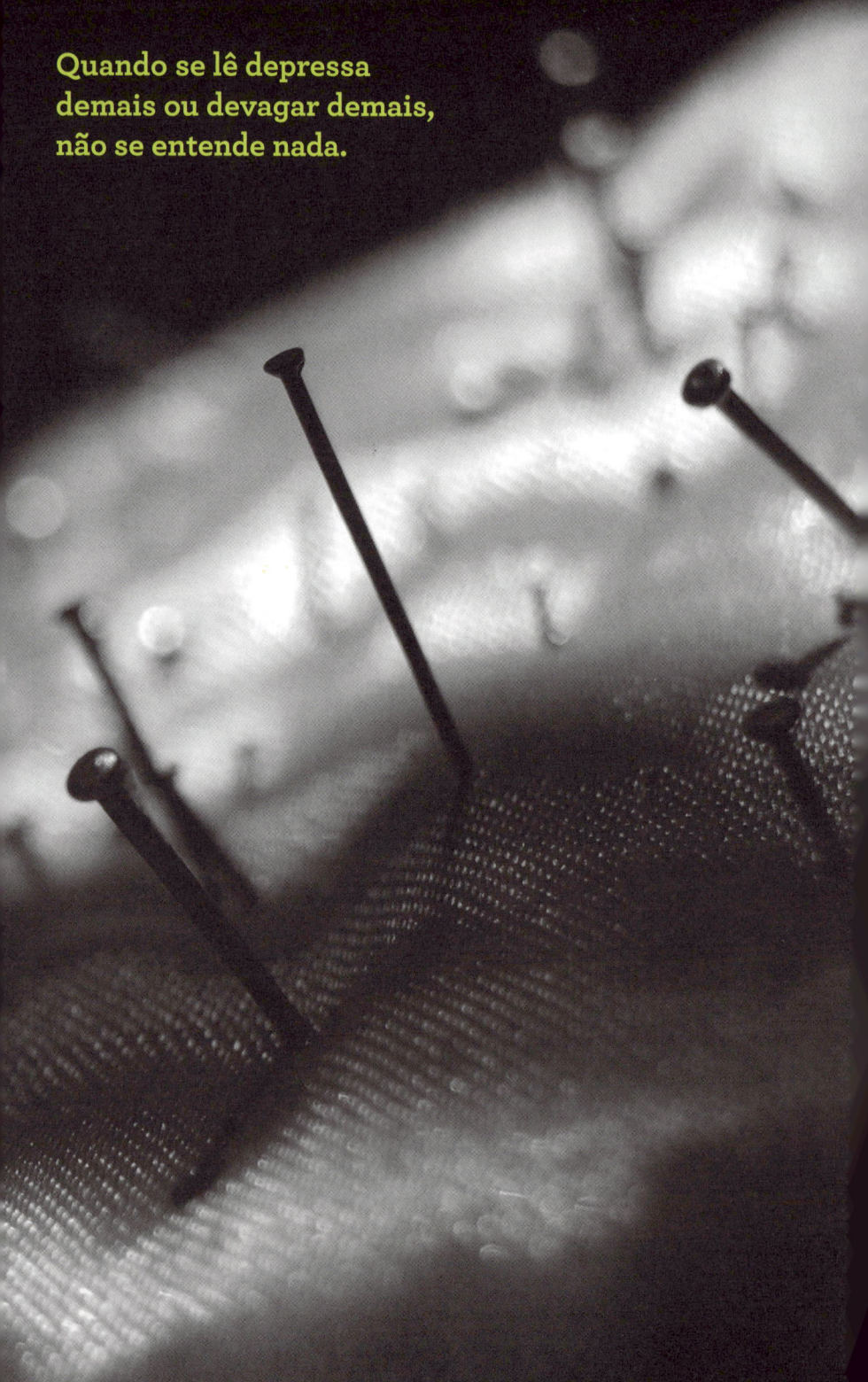

Quando se lê depressa demais ou devagar demais, não se entende nada.

21

Quando se é muito jovem, não se julga bem; quando velho demais, tampouco.

Se não se pensa nisso suficientemente, se se pensa demais, a gente se obstina e se fixa.

Se se considera a obra imediatamente após tê-la feito, ainda se tem muita prevenção; se muito tempo depois, (não) se consegue mais entrar nela.

Assim acontece com os quadros vistos de muito longe ou de muito perto. E só existe um ponto indivisível que é o verdadeiro lugar.

Os outros ficam perto demais ou longe demais, alto demais ou baixo demais. A perspectiva indica esse ponto na arte da pintura, mas na verdade e na moral quem o indicará?

24

Condição do homem.
 Inconstância, tédio, inquietação.

31

Nas cidades por onde se passa, não se tem a preocupação de ser estimado. Mas, quando nelas se deve ficar algum tempo, tem-se essa preocupação. Quanto tempo é preciso? Um tempo proporcional à nossa vida vã e frágil.

36

Quem não vê a vaidade do mundo é ele próprio bem vão. Assim, quem não a vê, exceto nos jovens que estão todos no meio do barulho, na diversão e no pensamento do futuro.

Mas tirai-lhes a diversão, vós os vereis secar de tédio. Passam a sentir então o seu nada sem o conhecer, porque é ter muita infelicidade estar numa tristeza insuportável, logo que se fica reduzido a contemplar a si mesmo sem disso se divertir.

41

Quando se lê depressa demais ou devagar demais, não se entende nada.

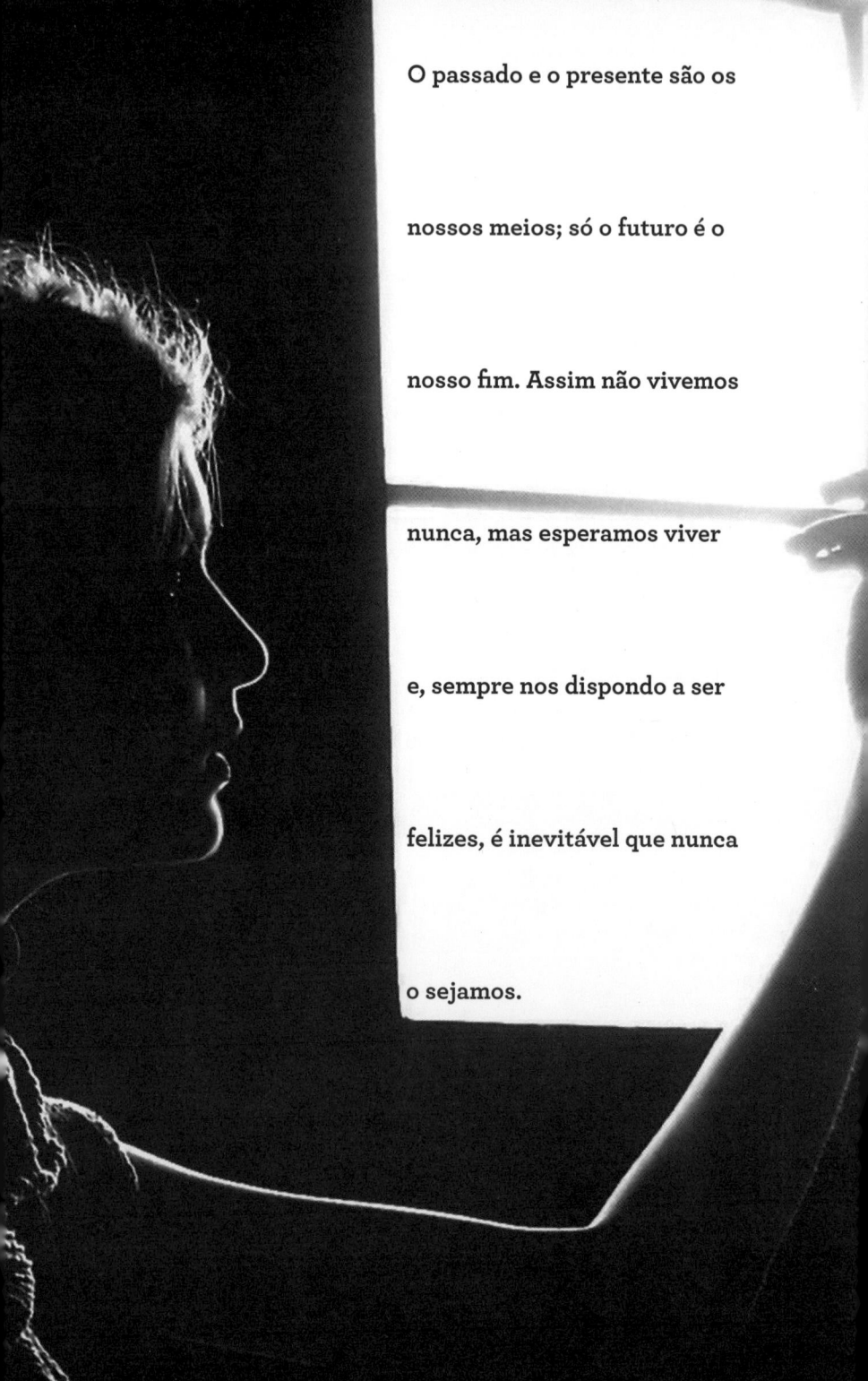

47

Nunca ficamos no tempo presente. Lembramos o passado; antecipamos o futuro como lento demais para chegar, como para apressar o seu curso, ou nos lembramos do passado para fazê-lo parar como demasiado rápido, tão imprudentes que erramos por tempos que não são nossos e não pensamos no único que nos pertence, e tão levianos que pensamos naqueles que nada são e escapamos, sem refletir, do único que subsiste. É que, em geral, o presente nos fere. Escondemo-lo de nossas vistas porque nos aflige e, se ele nos é agradável, lamentamos que nos escape. Buscamos mantê-lo mediante o futuro e pensamos em dispor as coisas que não estão em nosso poder por um tempo ao qual não temos a menor certeza de chegarmos.

Examine cada um os seus pensamentos. Vai encontrá-los a todos ocupados com o passado ou com o futuro. Quase não pensamos no presente, e se nele pensamos é somente para nele buscar a luz para dispormos do futuro. O presente nunca é o nosso fim.

O passado e o presente são os nossos meios; só o futuro é o nosso fim. Assim não vivemos nunca, mas esperamos viver e, sempre nos dispondo a ser felizes, é inevitável que nunca o sejamos.

56

Somos tão infelizes que não podemos encontrar prazer numa coisa a não ser com a condição de nos zangar se ela não dá certo, o que pode acontecer e acontece com mil coisas a toda hora. Quem tivesse encontrado o segredo de se alegrar com o bem sem se zangar com o mal contrário teria encontrado o ponto. É o movimento perpétuo.

70

Se nossa condição fosse verdadeiramente feliz, não seria necessário desviarmos dela nossos pensamentos.

72

É necessário conhecer-se a si mesmo. Ainda quando isso não servisse para encontrar a verdade, pelo menos serve para regrar a própria vida, e nada há de mais justo.

90

Razão dos efeitos.

Gradação. O povo honra as pessoas de nascimento ilustre, os semi-hábeis as desprezam dizendo que o nascimento não é um mérito da pessoa, mas fruto do acaso. Os hábeis as honram não pelo mesmo pensamento do povo, mas com segundas intenções. Os devotos que possuem mais zelo do que ciência as desprezam apesar dessa consideração que faz com que sejam honradas pelos hábeis, porque julgam por outra luz que a piedade lhes dá, mas os cristãos perfeitos as honram por uma outra luz superior.

Assim se vão sucedendo as opiniões a favor ou contra conforme a luz que se tem.

98

De onde vem que um coxo não nos irrita e um espírito coxo nos irrita? A causa é que um coxo reconhece que nós andamos direito e que um espírito coxo diz que nós é que coxeamos. Não fosse isso, teríamos dó deles e não raiva.

Epicteto diz com muito mais força: por que não nos zangamos quando nos dizem que estamos com dor de cabeça, e nos zangamos por nos dizerem que raciocinamos mal ou que escolhemos mal?

99

A causa disso é que temos certeza de que não estamos com dor de cabeça, e de que não somos coxos, mas não temos tanta garantia de que escolhemos o que é verdadeiro. De modo que, não tendo certeza senão pelo fato de o vermos com toda a nossa vista, quando outro vê com toda a sua vista o contrário, isso nos faz hesitar e nos espanta. E ainda mais quando mil outros zombam da nossa escolha, pois temos de preferir as nossas luzes às de tantos outros. E isso é ousado e difícil. Nunca há essa contradição nos sentidos quando se trata de um coxo.

O homem é feito de tal modo que, à força de lhe dizerem que é um tolo, acaba acreditando. E à força de dizê-lo a si mesmo, acaba ele próprio acreditando, pois o homem mantém sozinho uma conversa interior que importa regular. "As más conversas estragam os bons costumes." É preciso ficar em silêncio tanto quanto se pode e só se entreter com Deus, que se sabe ser a verdade, e assim a gente persuade-se a si mesmo.

ID
111

Posso até conceber um homem sem mãos, sem pés, sem cabeça, pois é só a experiência que nos ensina que a cabeça é mais necessária do que os pés. Mas não posso conceber um homem sem pensamento. Seria uma pedra ou um bicho.

113

Caniço pensante.

Não é do espaço que devo procurar a minha dignidade, mas da ordenação do meu pensamento. Não terei vantagem em possuir terras. Pelo espaço, o universo me compreende e me engole como a um ponto: pelo pensamento, eu o compreendo.

114

A grandeza do homem é grande por ele conhecer-se miserável; uma árvore não se conhece miserável.

É então ser miserável se conhecer(-se) miserável, mas é ser grande conhecer que se é miserável.

117

A grandeza do homem.

A grandeza do homem é tão visível que ela se extrai até mesmo de sua miséria, pois aquilo que é natureza nos animais, chamamos miséria no homem, e por aí reconhecemos que, sendo a sua natureza hoje semelhante à dos animais, ele está decaído de uma natureza melhor que lhe era própria anteriormente.

Pois quem se acha infeliz por não ser rei a não ser um rei despossuído? Acaso achavam que Paulo Emílio era infeliz por não ser cônsul? Pelo contrário, toda gente o julgava feliz por tê-lo sido, pois a sua condição não era de sê-lo sempre. Mas achavam Perseu tão infeliz por não mais ser rei; é porque a sua condição era de sê-lo sempre que achavam estranho que ele suportasse a vida. Quem se acha infeliz por não ter senão uma boca e quem não se acharia infeliz por só ter um olho? Talvez a gente nunca tenha pensado em afligir-se por não ter três olhos, mas fica-se inconsolável se não se tiver nenhum.

120

Somos tão presunçosos que gostaríamos de ser conhecidos por toda a terra e até por pessoas que virão quando não existirmos mais. E somos tão vãos que a estima de 5 ou 6 pessoas que nos cercam nos distrai e nos contenta.

A grandeza do homem é grande por ele conhecer-se miserável; uma árvore não se conhece miserável.

# 133

Divertimento.

    Não tendo os homens podido curar a morte, a miséria, a ignorância, resolveram, para ficar felizes, não mais pensar nisso.

136

Divertimento.
    Quando às vezes me pus a considerar as diversas agitações dos homens, e os perigos, e as penas a que se expõem na Corte, na guerra de onde nascem tantas desavenças, paixões, ações ousadas e muitas vezes maldosas etc., repeti com frequência que toda a infelicidade dos homens provém de uma só coisa: de não saber ficar quieto num quarto. Um homem que possui bens suficientes para viver, se soubesse ficar em casa com prazer, não sairia para ir pelo mar ou ao banco de uma praça; não se pagaria tão caro por uma patente no exército a não ser que se achasse insuportável não sair da cidade, e não se buscam as conversações e os divertimentos dos jogos a não ser que não se tenha prazer em ficar em casa. Etc.
    Mas, quando considerei de mais perto e, depois de ter encontrado a causa de todos os nossos infortúnios, quis descobrir-lhes as razões, encontrei que existe uma realmente efetiva que consiste na infelicidade natural de nossa condição fraca e mortal, e tão miserável que nada nos pode consolar quando a consideramos de perto.
    Seja qual for a condição que se imagine, se se juntarem todos os bens que nos podem pertencer, a realeza é a mais bela posição do mundo e, no entanto, imagine-se o rei, acompanhado de todas as satisfações que podem caber-lhe, se estiver sem divertimento e se o deixarmos considerar e refletir sobre aquilo que ele é – essa felicidade lânguida não o sustentará –, cederá necessariamente às circunstâncias que o ameaçam, revoltas que podem acontecer e finalmente a morte e doenças que são inevitáveis,

de modo que fica, sem aquilo a que se chama divertimento, infeliz, e mais infeliz do que o menor de seus súditos que joga e se diverte.

(O único bem dos homens consiste, pois, em divertir o pensamento de sua condição, ou por uma ocupação que dele os desvie, ou por alguma paixão agradável e nova que os ocupe, ou pelo jogo, a caça, algum espetáculo atraente e finalmente por aquilo a que se chama divertimento.)

Daí vem que o jogo e o entretenimento com mulheres, a guerra, os grandes empregos sejam tão procurados. Não é que neles haja realmente felicidade, nem que imaginemos que a verdadeira beatitude consista em se ter o dinheiro que se pode ganhar no jogo, ou na lebre que se persegue; não se quereria nada disso se fosse dado de mão beijada. Não é esse uso mole e sossegado que nos deixa pensar em nossa infeliz condição, nem os perigos da guerra, nem o trabalho dos empregos, mas sim a lufa-lufa que nos desvia de pensar nela e nos diverte. Razão pela qual se gosta mais da caçada do que da presa.

Daí vem que os homens gostem tanto do barulho e do movimento. Daí vem que a prisão seja um suplício tão horrível; daí vem que o prazer da solidão seja uma coisa incompreensível. E é finalmente o maior motivo de felicidade da condição dos reis, pelo fato de que sem cessar procura-se diverti-los e proporcionar-lhes toda espécie de prazeres. O rei está cercado de pessoas que só pensam em diverti-lo e impedi-lo de pensar em si mesmo. Porque ele fica infeliz, embora seja rei, se pensar em si.

Eis tudo que os homens puderam inventar para se tornar felizes, e aqueles que, a respeito disso, bancam os filósofos e acreditam que o mundo é bem pouco razoável se passa o dia a correr atrás de uma lebre que não gostariam de ter comprado, não conhecem nada da nossa natureza. Essa lebre não nos garantiria contra a visão da morte e das misérias que nos desviam dela, mas a caça, sim, nos garante. E, assim, o conselho que se dava a Pirro de assumir o descanso que ia buscar por tantas fadigas encontrava muitas dificuldades.

(Dizer a um homem que fique em repouso, é dizer-lhe que viva feliz. É aconselhar-lhe ter uma condição totalmente feliz e que possa considerar com calma, sem nela encontrar motivo de aflição. (– Não é pois ouvir a natureza.)

Assim os homens que sentem naturalmente a sua condição não evitam nada tanto quanto evitam o repouso; nada há que não façam para buscar a agitação.

Assim tem-se dificuldade em recriminá-los; o seu erro não está em buscarem o tumulto. Se não o buscassem senão como divertimento, mas o mal está em que eles o buscam como se a posse das coisas que buscam devesse fazê-los verdadeiramente felizes, e é aí que se tem razão de acusar a sua busca de vaidade, de maneira que, em tudo isso, tanto aqueles que recriminam como aqueles que são recriminados não ouvem a verdadeira natureza do homem.) E assim, quando os censuram porque aquilo que buscam com tanto ardor não seria capaz de satisfazê-los, se respondessem, como deveriam fazer se refletissem um pouco, que não buscam nisso senão uma ocupação violenta e impetuosa que os desvie de pensar em si e que é por isso que se propõem um objeto atraente que os encante e os atraia com ardor, deixariam os seus adversários sem réplica... – A vaidade, o prazer de mostrá-la aos outros. – A dança, é preciso evidentemente pensar onde se vai colocar os pés – mas eles não respondem isso porque não conhecem a si mesmos. Não sabem que é só a caçada e não a presa que eles buscam. – O fidalgo acredita sinceramente que a caça é um prazer grande e um prazer real, mas o criado que conduz os cães não é da mesma opinião. – Eles imaginam que, se tivessem obtido essa presa, descansariam depois com prazer e não sentem a natureza insaciável da cupidez. Acreditam estar buscando sinceramente o repouso e não buscam de fato senão a agitação.

Eles têm um instinto secreto que os faz buscar o divertimento e a ocupação exterior, que vem do sentimento de suas misérias contínuas. E têm um outro instinto secreto que restou da grandeza de nossa natureza primeira, que os faz conhecer que a felicidade não está de fato senão no repouso e não no tumulto. E desses dois instintos contrários forma-se neles um projeto confuso que se esconde da sua vista no fundo da alma que os leva a tender para o repouso pela agitação e a imaginar sempre que a satisfação que não possuem lhes virá se, superando algumas dificuldades com que se defrontam, puderem abrir para si a porta do repouso.

Assim se escoa toda a vida; procura-se o repouso combatendo alguns obstáculos e, se eles forem superados, o repouso se torna insuportável pelo tédio que gera. Faz-se necessário sair e mendigar o tumulto.

Porque ou se pensa nas misérias que se têm ou naquelas que nos ameaçam. E ainda quando se estivesse bastante protegido por todo lado, o tédio, com sua autoridade própria, não deixaria de sair do fundo do coração onde tem raízes naturais e de encher o espírito com o seu veneno.

Assim o homem é tão infeliz que se entediaria mesmo sem nenhum motivo de tédio, pelo estado próprio de sua compleição. E ele é tão leviano que, estando cheio de mil causas essenciais de tédio, a mínima coisa como um bilhar e uma bola que ele toca basta para diverti-lo.

Mas diríeis: Que objetivo tem ele em tudo isso? O de se gabar amanhã entre os amigos por ter jogado melhor que outro. Da mesma forma outros suam em seu gabinete para mostrar aos sábios que resolveram uma questão de álgebra cuja solução ainda não se tinha podido encontrar; e tantos outros se expõem aos maiores perigos para se vangloriar depois de uma praça que tomaram tão estupidamente, a meu ver. E finalmente outros se matam para aprender todas essas coisas, não para se tornarem mais sábios, mas tão somente para mostrar que as sabem, e esses são os mais tolos do bando, pois que o são com conhecimento, ao passo que se pode pensar dos demais que não o seriam se tivessem esse conhecimento.

Tal homem passa a vida sem tédio jogando todos os dias coisa de pouca monta. Dai-lhe todas as manhãs o dinheiro que ele pode ganhar a cada dia, sob a condição de ele não jogar, ireis torná-lo infeliz. Dir-se-á talvez que o que ele busca é a brincadeira do jogo e não o ganho. Fazei então com que não jogue a dinheiro: ele não se animará e se aborrecerá. Não é então só a diversão que ele busca. Uma diversão desanimada e sem paixão o entediará. Ele precisa se animar e criar um engodo para si mesmo imaginando que seria feliz ganhando aquilo que não quereria que lhe fosse dado sob a condição de não jogar, a fim de que forme para si um motivo de paixão e que excite com isso o seu desejo, a sua cólera, o temor por esse objeto que formou para si como as crianças se apavoram vendo a cara que lambuzaram de tinta.

De onde vem que esse homem que perdeu há poucos meses o filho único e que, cheio de processos e de pendengas, estava tão perturbado esta manhã, já não pensa mais em nada disso agora? Não vos espanteis, ele está ocupadíssimo a olhar por onde passará esse javali que os cães estão perseguindo com tanto ardor há seis horas. Não é preciso mais do que isso. O homem, por mais cheio de tristeza que esteja, se se puder convencê-lo a entrar em alguma diversão, ei-lo feliz durante esse tempo; e o homem, por mais feliz que seja, se não for divertido e ocupado com alguma paixão ou distração que impeça o tédio de se expandir, logo estará acabrunhado e infeliz. Sem o divertimento não há alegria; com o divertimento não há tristeza. E é também isso que compõe a felicidade das pessoas de alta condição que têm um grande número de pessoas que os divertem e que têm o poder de se manter nesse estado.

Prestai atenção, que outra coisa não é ser superintendente, chanceler, primeiro presidente, senão estar numa condição em que se tem já pela manhã um grande número de pessoas que chegam de todos os lados para não lhes deixar nenhuma hora do dia em que possam pensar em si mesmos, e quando caem em desgraça e os mandam para as suas casas de campo onde não lhes faltam nem bens nem criados para assisti-los em suas necessidades, não deixam de ser miseráveis e abandonados porque ninguém os impede de pensar em si mesmos.

Assim se escoa toda a vida; procura-se o repouso combatendo alguns obstáculos e, se eles forem superados, o repouso se torna insuportável pelo tédio que gera.

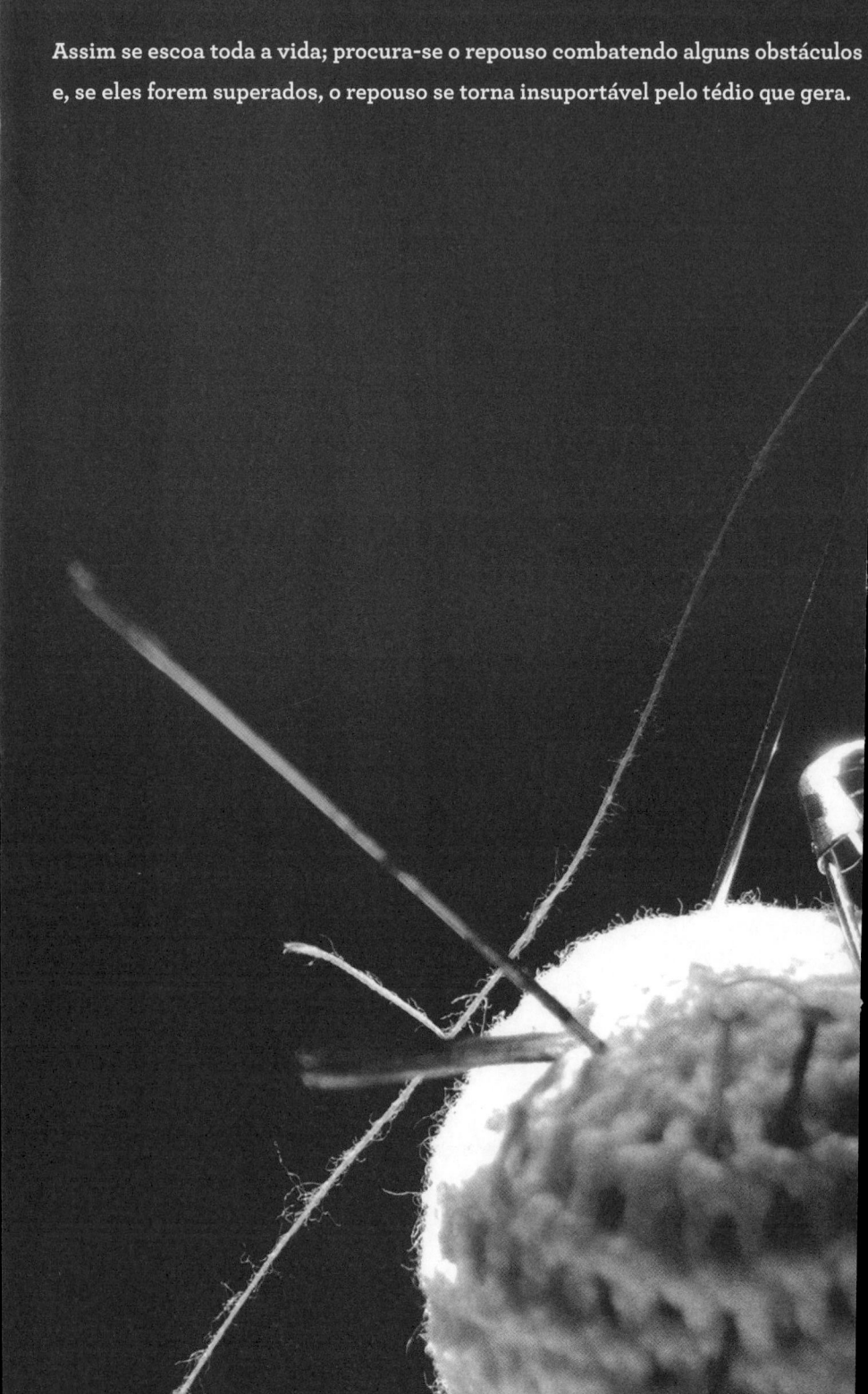

139

Divertimento.
    Sobrecarregam os homens desde a infância com o cuidado de sua honra, dos bens, dos amigos, e ainda dos bens e da honra dos amigos; cumulam-nos de afazeres, do aprendizado das línguas e de exercícios e se lhes dá a entender que não conseguiriam ser felizes sem que a sua saúde, honra e fortuna, e as de seus amigos, estivessem em bom estado, e que a falta de uma única coisa dessas os tornará infelizes. Assim, são-lhes dados encargos e afazeres que os fazem quebrar a cabeça desde o raiar do dia. Aí está, direis, uma estranha maneira de torná-los felizes; que se poderia fazer de melhor para torná-los infelizes? Como, o que se poderia fazer? Bastaria retirar-lhes todas essas preocupações, porque então eles se veriam, pensariam naquilo que são, de onde vêm, para onde vão, e assim nunca é demais ocupá-los e desviá-los disso. E eis por que, depois de preparar-lhes tantos afazeres, se ainda tiverem algum tempo livre, aconselha-se que o empreguem em se divertir, e jogar, e ocupar-se sempre por inteiro.
    Como o coração do homem é oco e cheio de lixo.

151

Somos engraçados quando confiamos na sociedade de nossos semelhantes, miseráveis como nós, impotentes como nós; eles não nos ajudarão: morreremos sós.

    É então necessário que façamos como se estivéssemos sós. Nesse caso, construiríamos soberbas mansões etc.?, buscaríamos a verdade sem hesitar. E, se o recusamos, demonstramos estimar mais a estima dos homens do que a busca da verdade.

152

Entre nós e o inferno ou o céu não há senão o entremeio da vida, que é a coisa mais frágil do mundo.

165

O último ato é sangrento, por mais bela que seja a comédia em todo o resto. Lança-se finalmente terra sobre a cabeça e aí está para sempre.

O último ato é sangrento, por mais bela que seja a comédia em todo o resto.

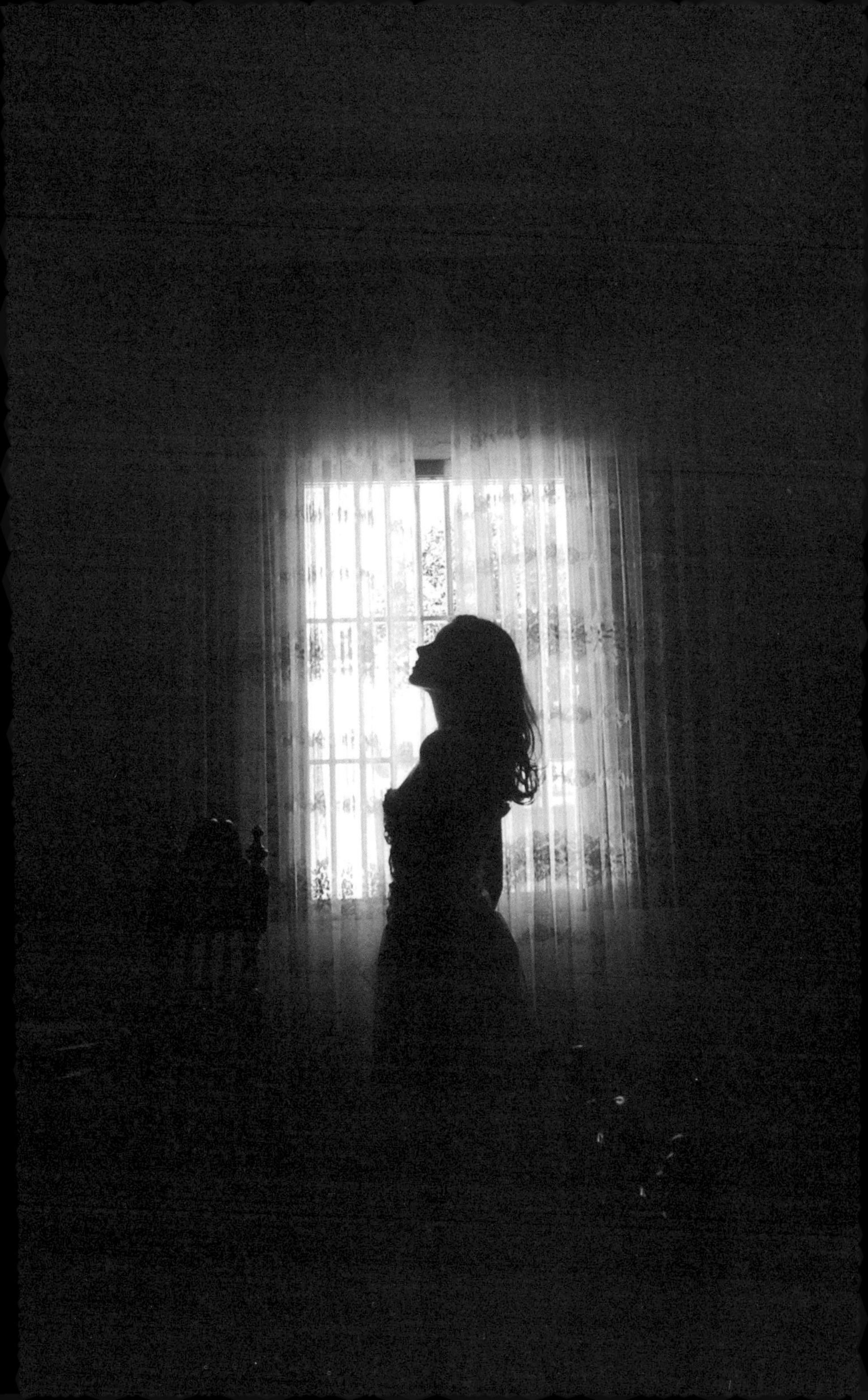

166

Corremos despreocupados para o precipício depois de ter colocado alguma coisa à nossa frente para impedir-nos de vê-lo.

200

H. 3. – O homem não é senão um caniço, o mais fraco da natureza, mas é um caniço pensante. Não é preciso que o universo inteiro se arme para esmagá-lo; um vapor, uma gota de água basta para matá-lo. Mas, ainda que o universo o esmagasse, o homem seria ainda mais nobre do que aquilo que o mata, pois ele sabe que morre e a vantagem que o universo tem sobre ele. O universo de nada sabe.

    Toda a nossa dignidade consiste pois no pensamento. É daí que temos de nos elevar, e não do espaço e da duração que não conseguiríamos preencher. Trabalhemos, pois, para pensar bem: eis aí o princípio da moral.

252

Dois erros. 1. Tomar tudo literalmente. 2. Tomar tudo espiritualmente.

353

Não um rebaixamento que nos torne incapazes do bem nem uma santidade isenta de mal.

361

És menos escravo por seres amado e lisonjeado por teu senhor? Tens o teu quinhão de felicidade, escravo, teu senhor te lisonjeia. Logo irá espancar-te.

365

A experiência mostra-nos uma diferença enorme entre a devoção e a bondade.

413

Quem quiser conhecer plenamente a vaidade do homem só tem que considerar as causas e os efeitos do amor. A causa é um não sei o quê. Corneille. E os efeitos são espantosos. Esse não sei o quê, tão pouca coisa que nem se pode reconhecer, movimenta a terra toda, os príncipes, os exércitos, o mundo inteiro.

O nariz de Cleópatra, se tivesse sido mais curto, toda a face da terra teria mudado.

414

Miséria.

 A única coisa que nos consola de nossas misérias é a diversão. E no entanto é a maior de nossas misérias. Porque é ela que nos impede principalmente de pensar em nós e que nos põe a perder insensivelmente. Sem ela ficaríamos entediados, e esse tédio nos levaria a buscar um meio mais sólido de sair dele, mas a diversão nos entretém e nos faz chegar insensivelmente à morte.

421

É falso que sejamos dignos de que os outros nos amem. É injusto que o queiramos. Se nascêssemos racionais e indiferentes, e conhecendo a nós e aos outros, não daríamos essa inclinação à nossa vontade. Nascemos entretanto com ela, nascemos pois injustos.

Porque tudo tende para si; isso é contra toda ordem.

É preciso tender para o geral, e a inclinação para si é o começo de toda desordem, em guerra, em sociedade, em economia, no corpo particular do homem.

A vontade é portanto depravada. Se os membros das comunidades naturais e civis tendem para o bem do corpo, as comunidades mesmas devem tender para outro corpo mais geral de que elas são membros. Deve-se, pois, tender para o geral. Nascemos portanto injustos e depravados.

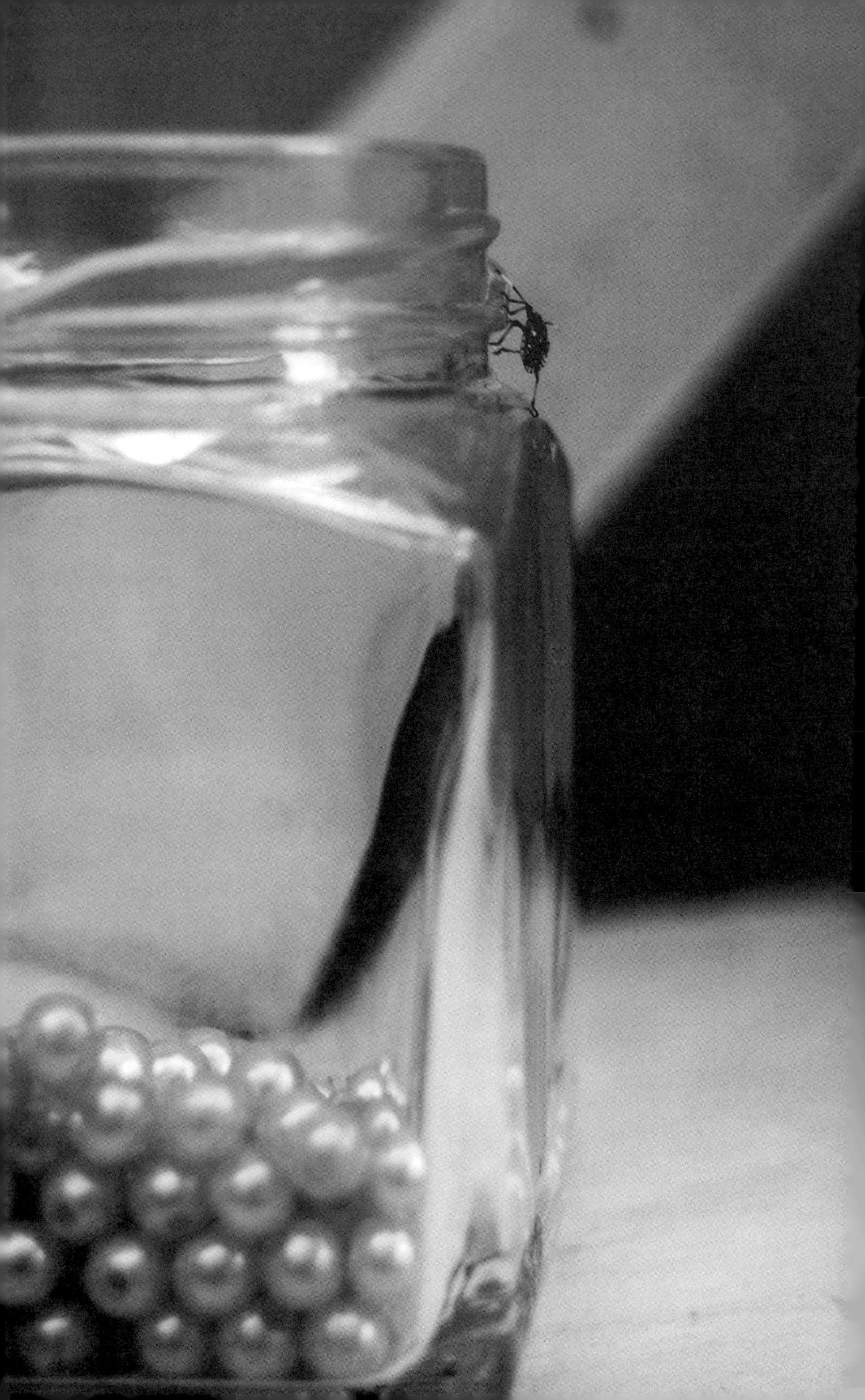

A única coisa que nos consola de nossas misérias é a diversão. E no entanto é a maior de nossas misérias. Porque é ela que nos impede principalmente de pensar em nós e que nos põe a perder insensivelmente.

470

A maior baixeza do homem está na busca da glória, mas é nisso mesmo que está a maior marca de sua excelência; pois, qualquer que seja a posse que ele tenha sobre a terra, qualquer que seja a saúde e comodidade essencial que tenha, não fica satisfeito se não tiver a estima dos homens. Considera tão grande a razão do homem que, qualquer que seja a vantagem que tenha na terra, se não estiver também vantajosamente colocado na razão do homem, não fica contente. É o mais belo lugar do mundo, nada pode desviá-lo desse desejo, e é a qualidade mais indelével do coração do homem.

    E aqueles que mais desprezam os homens e os igualam aos animais, mesmo assim ainda querem ser por eles admirados e acreditados, e contradizem-se a si mesmos por seu próprio sentimento; pois sua natureza, que é mais forte do que tudo, os convence da grandeza do homem mais fortemente do que a razão os convence de sua baixeza.

A verdadeira eloquência zomba da eloquência, a verdadeira moral zomba da moral.

513

Geometria. Finura.

A verdadeira eloquência zomba da eloquência, a verdadeira moral zomba da moral. Quer dizer que a moral do juízo zomba da moral da mente, que não tem regras.

Pois é ao juízo que pertence o sentimento, como as ciências pertencem à mente. A finura é a parte do juízo, a geometria é a parte da mente.

Zombar da filosofia é verdadeiramente filosofar.

522

(Aquele homem tão aflito com a morte da mulher e do filho único, que tem essa grande disputa que o atormenta, de onde vem que neste momento ele não está triste e que seja visto tão isento de todos os pensamentos penosos e inquietantes? Isso não é de admirar. Acabam de passar-lhe uma bola e é preciso que ele a lance a seu companheiro. Ele está ocupado em apanhá-la ao cair do telhado para ganhar um lance. Como quereis que ele pense em seus problemas tendo este outro problema para cuidar? Eis aí um cuidado digno de ocupar essa grande alma e de lhe tirar qualquer outro pensamento do espírito. Esse homem nascido para conhecer o universo, para julgar todas as coisas, para reger um Estado, ei-lo ocupado e todo tomado pela tarefa de apanhar uma lebre. E se ele não se rebaixar a isso e quiser estar sempre tenso será ainda mais tolo, porque pretenderá elevar-se acima da humanidade e ele não passa de um homem afinal de contas, isto é, capaz de pouco e de muito, de tudo e de nada. Ele não é nem anjo nem bicho, é homem.)

Ele não passa de um homem afinal de contas, isto é, capaz de pouco e de muito, de tudo e de nada. Ele não é nem anjo nem bicho, é homem.

533

Não se imagina Platão e Aristóteles a não ser trajando grandes vestes de pedantes. Eram pessoas honestas e, como os outros, rindo com os amigos. E, quando se divertiram fazendo as suas leis e políticas, fizeram-no brincando. Era a parte menos filosófica e menos séria de sua vida; a mais filosófica era viver simples e tranquilamente.

Se escreveram sobre política, foi como para regulamentar um hospital de loucos.

E, se eles fizeram de conta que falavam disso como de uma grande coisa, foi porque sabiam que os loucos para quem falavam pensavam ser reis e imperadores. Entram nos princípios destes para limitar a sua loucura ao menor mal possível.

Nada é mais insuportável para o homem do que estar em pleno repouso.

622

Tédio.

    Nada é mais insuportável para o homem do que estar em pleno repouso, sem paixões, sem afazeres, sem divertimento, sem aplicação.

    Ele sente então todo o seu nada, seu abandono, sua insuficiência, sua dependência, sua impotência, seu vazio.

    Imediatamente nascerão do fundo de sua alma o tédio, o negrume, a tristeza, a mágoa, o despeito, o desespero.

627

A vaidade está tão ancorada no coração dos homens que um soldado, um criado, um cozinheiro, um carregador se gaba e quer ter admiradores e mesmo os filósofos querem tê-los, e aqueles que escrevem contra querem ter a glória de ter escrito bem, e aqueles que os leem querem ter a glória de os ter lido, e eu que estou escrevendo isto tenho talvez esta vontade, e talvez os que o lerem...

668

Cada um é um tudo para si mesmo, pois, uma vez ele morto, tudo está morto para ele. E daí decorre que cada um acredita ser tudo para todos. Não se deve julgar da natureza segundo nós, mas segundo ela.

685

Glória.
 Os bichos não se admiram. Um cavalo não admira o seu companheiro. Não que não haja entre eles emulação na corrida, mas é sem consequência, pois, estando no estábulo, o mais pesado e o mais mal talhado não cede sua aveia ao outro, como os homens querem que se lhes faça. A virtude deles se satisfaz em si mesma.

688

O que é o eu?

    Um homem que se põe na janela para ver as pessoas que passam; se passo por ali, posso dizer que ele se pôs na janela para me ver? Não; porque ele não está pensando em mim particularmente; mas quem ama alguém por causa de sua beleza, ama mesmo? Não, porque as bexigas, que matarão a beleza sem matar a pessoa, farão com que ele não a ame mais.

    E se me amam pelo meu juízo, por minha memória, amam-me mesmo? A mim? Não, pois posso perder essas qualidades sem perder-me a mim mesmo. Onde está então esse eu, se não está no corpo, nem na alma? E como amar o corpo ou a alma, senão por essas qualidades que não são o que fazem o eu, pois que são perecíveis? Por que alguém amaria a substância da alma de uma pessoa, abstratamente, e algumas qualidades nela existentes? Isso não é possível, e seria injusto. Portanto nunca se ama ninguém, mas somente qualidades.

    Não se zombe mais então daqueles que se fazem honrar por cargos e ofícios, pois não se ama ninguém a não ser por qualidades postiças.

E se me amam pelo meu juízo,

por minha memória, amam-me mesmo?

A mim? Não, pois posso perder essas

qualidades sem perder-me a mim mesmo.

749

Que desregramento de juízo pelo qual não há ninguém que não se ponha acima do resto do mundo e que não estime mais o seu próprio bem e a duração de sua felicidade e de sua vida do que a do resto do mundo.

778

Não se ensina os homens a ser pessoas de bem, e pode-se ensinar-lhes todo o resto. E eles nunca se põem tanto em brios por saberem do resto como por serem homens de bem. Eles só se põem em brios por saber a única coisa que não aprendem.

779

As crianças que se espantam com a cara que pintaram. São crianças; mas quem diz que o que é tão fraco em criança seja muito forte quando se tem mais idade? Só se faz mudar de fantasia. Tudo que se aperfeiçoa progressivamente definha também progressivamente. Tudo o que foi fraco jamais poderá ser totalmente forte. Por mais que se diga: ele cresceu, ele mudou, ele é também o mesmo.

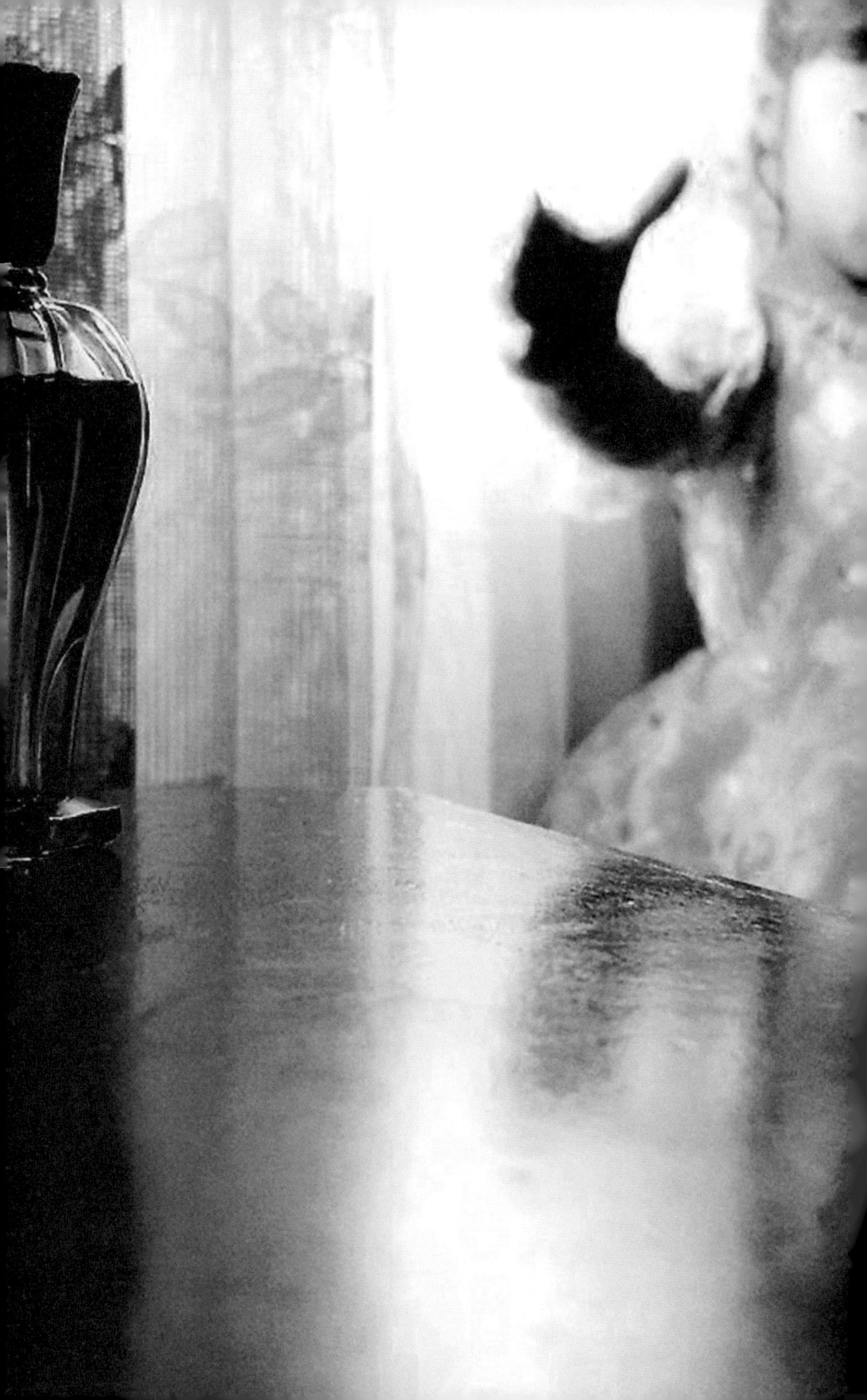

Tudo o que foi fraco jamais poderá ser totalmente forte.

802

O tempo cura as dores e as disputas porque as pessoas mudam. Não se é mais a mesma pessoa; nem o ofensor, nem o ofendido já não são os mesmos. É como um povo a quem se tivesse irritado e que se revisse depois de duas gerações. São ainda os franceses, mas não os mesmos.

805

Sabendo qual é a paixão dominante de cada um está-se seguro de lhe agradar e, no entanto, cada um tem as suas fantasias contrárias ao seu próprio bem conforme a própria ideia que tem do bem, e é uma esquisitice que coloca fora dos trilhos.

806

Não nos contentamos com a vida que temos em nós e em nosso próprio ser. Queremos viver na ideia dos outros uma vida imaginária e para isso fazemos esforço para aparecer. Trabalhamos constantemente para embelezar e conservar nosso ser imaginário e negligenciamos o verdadeiro. E, se possuímos quer a tranquilidade, quer a generosidade, quer a fidelidade, fazemos questão de mostrá-lo a fim de ligar essas virtudes ao nosso outro ser e as desligaríamos até de nós para as juntar ao outro. Concordaríamos em ser poltrões para adquirir a reputação de ser valentes. Grande marca do nada de nosso próprio ser não ficar contente com um sem o outro e trocar muitas vezes um pelo outro. Pois infame seria quem não morresse para conservar a honra.

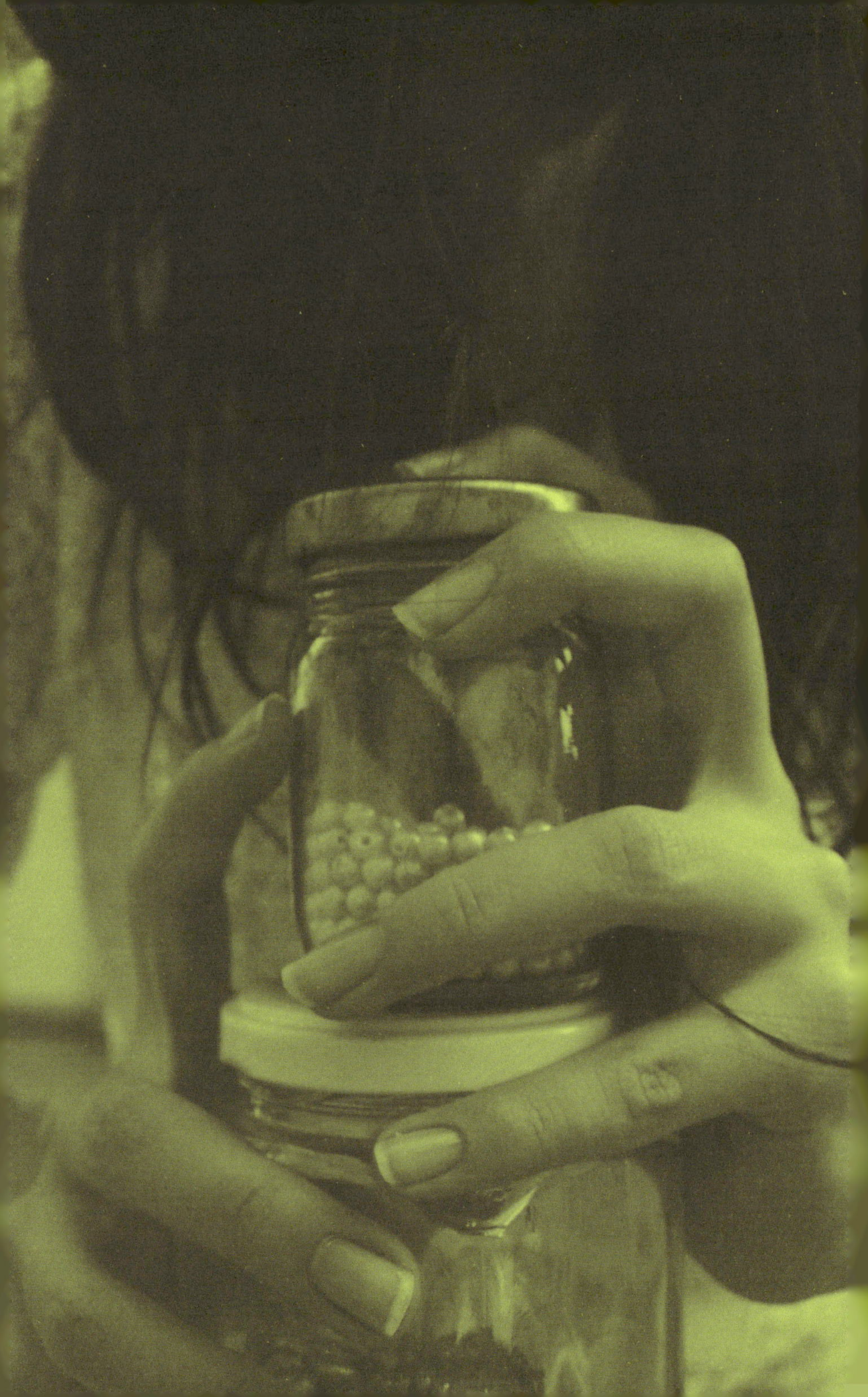

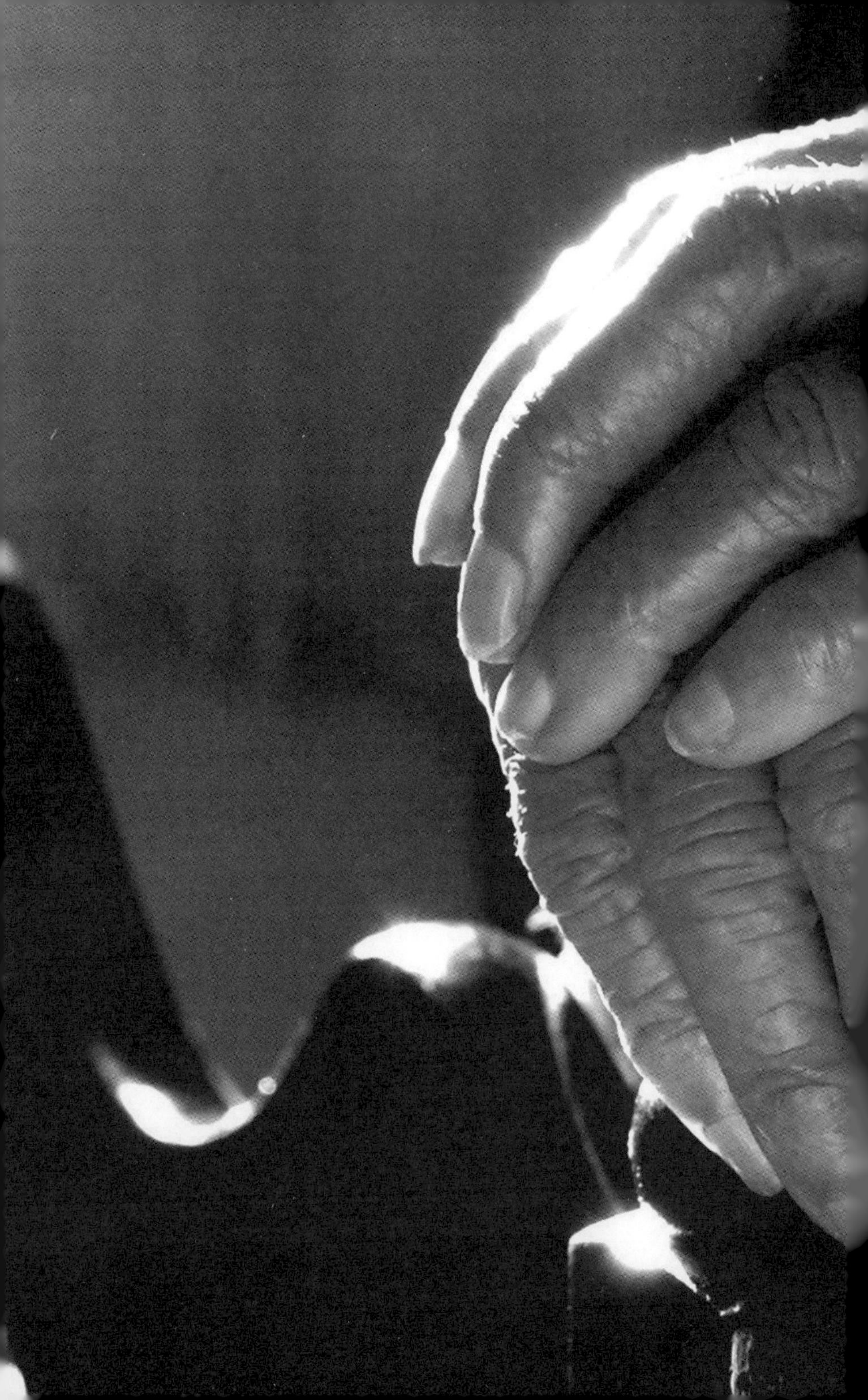

Não é certo que odiamos a verdade e aqueles que no-la dizem, e que gostamos que se enganem em benefício nosso, e que queremos ser estimados como se fôssemos outros e não aquilo que realmente somos?

978

A natureza do amor-próprio e desse eu humano está em não amar senão a si e em não considerar senão a si. Mas que fará ele? Não poderá impedir que esse objeto de seu amor seja cheio de defeitos e de miséria; quer ser grande, vê-se pequeno; quer ser feliz, vê-se miserável; quer ser perfeito, vê-se cheio de imperfeições; quer ser objeto do amor e da estima dos homens e vê que seus defeitos só merecem a aversão e o desprezo deles. Esse embaraço em que se encontra produz a mais injusta e a mais criminosa paixão que se possa imaginar; pois ele concebe um ódio mortal contra essa verdade que o repreende e que o convence de seus defeitos. Desejaria aniquilá-la, e, não podendo destruí-la em si mesma, ele a destrói, tanto quanto pode, no seu conhecimento e no dos outros; quer dizer que coloca todo o cuidado em encobrir os próprios defeitos tanto aos outros como a si mesmo, e que não pode tolerar que os façam ver ou que os vejam.

Não há dúvida de que é um mal-estar cheio de defeitos; mas é um mal ainda maior estar cheio deles e não querer reconhecê-los, pois que é acrescentar-lhes ainda o de uma ilusão voluntária. Não queremos que os outros nos enganem; não achamos justo que queiram ser estimados por nós mais do que merecem: portanto não é justo tampouco que os enganemos e queiramos que nos estimem mais do que merecemos.

Assim, quando descobrem apenas imperfeições e vícios, que nós realmente temos, é visível que não nos fazem injustiça, visto que não são eles que são sua causa, e até nos fazem bem, pois nos ajudam a nos livrar de um mal, que é a ignorância de nossas imperfeições. Não devemos ficar zangados por eles os conhecerem e nos desprezarem, sendo justo tanto que nos conheçam por aquilo que somos quanto que nos desprezem, se somos desprezíveis.

Eis os sentimentos que nasceriam de um coração que estivesse cheio de equidade e justiça. Que devemos então dizer do nosso ao ver nele uma disposição totalmente contrária? Não é certo que odiamos a verdade e aqueles que no-la dizem, e que gostamos que se enganem em benefício nosso, e que queremos ser estimados como se fôssemos outros e não aquilo que realmente somos?

Eis uma prova que me causa horror. A religião católica não obriga a revelar os pecados indiferentemente a toda gente; tolera que se fique escondido a todos os outros homens; mas faz exceção de um só, a quem ela ordena descobrirmos o fundo do coração e nos mostrarmos tais quais somos. Há somente esse único homem no mundo que ela nos ordena que não enganemos, e ela o obriga a um segredo inviolável, que faz com que esse conhecimento esteja nele como se não estivesse. Pode-se imaginar algo de mais caridoso e mais suave? E no entanto a corrupção do homem é tal que encontra ainda dureza nessa lei; e é essa uma das principais razões que levam uma grande parte da Europa à revolta contra a Igreja.

Como o coração do homem é injusto e nada razoável para achar mau que se obrigue a fazer em relação a um homem o que seria justo, de algum modo, que fizesse em relação a todos os homens! Acaso é justo que os enganemos?

Há diferentes graus nessa aversão pela verdade; mas pode-se dizer que está em todos em algum grau, porque ela é inseparável do amor-próprio. É essa má delicadeza que obriga aqueles que estão na necessidade de repreender os outros a escolher tantos subterfúgios e moderações para evitar chocá-los. Eles têm de diminuir os nossos defeitos, de fingir que os desculpam, de misturá-los com elogios e testemunhos de afeição e de estima. Com tudo isso, esse remédio não deixa de ser amargo para o amor-próprio. Toma o menos possível dele, e sempre com repulsa, e muitas vezes até com uma mágoa secreta contra aqueles que lho apresentam.

Daí acontece que, se as pessoas têm algum interesse em ser amadas por nós, evitam fazer-nos algo que saibam nos ser desagradável; tratam-nos como queremos ser tratados: odiamos a verdade, escondem-na de nós; queremos ser bajulados, bajulam-nos; gostamos de ser enganados, enganam-nos.

É isso que faz com que cada degrau de boa fortuna que nos eleva num mundo mais nos afasta da verdade, porque mais se fica apreensivo em ferir aqueles cuja afeição é mais útil e cuja aversão, mais perigosa. Um príncipe será a fábula de toda a Europa e ele próprio não ficará sabendo de nada. Isso não me espanta: dizer a verdade é útil para aquele a quem ela é dita, mas desvantajoso para aqueles que a dizem, porque se fazem odiar. Ora, aqueles que vivem com os príncipes preferem os seus interesses ao do príncipe a quem servem; e assim não procuram obter para ele uma vantagem, prejudicando-se a si mesmos.

Essa desgraça é sem dúvida maior e mais comum entre as grandes fortunas; mas as menores não estão livres dela, porque há sempre algum interesse em se fazer estimar pelos homens. Assim a vida humana não passa de uma ilusão perpétua; não se faz mais do que se entre-enganar e se entreadular. Ninguém fala de nós em nossa presença como fala em nossa ausência. A união que existe entre os homens não é baseada senão nessa mútua enganação; e poucas amizades subsistiriam se cada um soubesse o que o amigo diz dele quando não está presente, embora fale então sinceramente e sem paixão.

O homem não é portanto senão disfarce, mentira e hipocrisia, tanto em si mesmo como para com os outros. Não quer que lhe digam a verdade. Evita dizê-la aos outros; e todas essas disposições, tão afastadas da justiça e da razão, têm uma raiz natural em seu coração.